꿈을 그리는 여자들

일러스트 위인전

컬러링북

봄알람

플로렌스 나이팅게일	4
에멀린 팽크허스트	6
차미리사	8
헬렌 켈러	10
김점동	12
김명순	14
버지니아 울프	16
권기옥	18
나혜석	20
부춘화	22
로자 파크스	24
허정숙	26
이태영	28
캐서린 존슨	30
투유유	32
박남옥	34
제인 구달	36
베르타 카세레스	38
마리암 미르자하니	40
말랄라 유사프자이	42
그린 사람들	44
참고문헌	46

절대 머리를 숙이지 말고 세상을 눈으로 직시하세요.
당신이 하는 일이 변화를 만듭니다.

플로렌스 나이팅게일

Florence Nightingale
간호사, 작가, 통계학자
(영국, 1820~1910)

"하릴없이 해안가에 서 있느니 차라리
새로운 세상을 맞이하는 길에서 열 번이라도 파도에 휩쓸려 죽겠다."

플로렌스 나이팅게일은 부유한 집안에서 태어났다. 어려서는 언니가 찢은 인형을 다시 꿰매는 것에서 큰 기쁨을 느꼈고, 남자에게 흥미가 없었다. 결혼 생각이 없는 딸을 걱정하는 양친의 뜻을 뒤로한 채 그는 스물다섯이 되던 해 간호사가 되어 독립하겠다고 선언한다. 이 시대 영국에서 높은 집안의 딸이 직업을 갖고 독립적으로 사는 것은 흔치 않은 일이었으며 간호사라는 직업은 거의 매춘부처럼 취급되었기에 플로렌스는 거센 반대에 부딪혔다. 그러나 결국 그는 자신의 뜻을 따라 간호사의 길을 걷게 된다.

간호사로서 플로렌스는 독보적인 활약을 폈다. 그는 군 의료 개혁의 선두 주자로서 특히 크림전쟁 막사 병원의 엉망인 의료 체계를 바로 잡고 기본 위생 조건을 갖추는 데 앞장섰다. 일개 간호사가 병원의 시스템을 바꾸는 것은 쉽지 않은 일이었으나 직접 사상자 데이터를 수집해 통계를 들이밀며 개선을 요구하는 그를 막을 수는 없었다. 당시로서는 혁명적이었던 이 그래픽 데이터를 근거로 플로렌스는 필요한 물품들을 들여오고 위생 규칙을 세우며 병원 시설을 개조해간다. 그 결과 치솟았던 사망률이 42퍼센트에서 2퍼센트까지 획기적으로 낮아졌다. 이 활약으로 그는 영국왕실통계협회의 첫 여성 회원이 된다. 군의 장교들도 혀를 내두르게 만들었던 그는 '망치를 든 여인'으로 불렸는데, 보급에 문제가 생기면 망치를 들고 와 자물쇠를 부숴버렸기 때문이다. 하지만 언론은 그를 망치를 든 여인이 아닌 '한밤중에 등불을 들고 환자들을 살피는 백의의 천사'로 묘사했다. 또한 플로렌스는 간호사로 일하며 관찰한 내용을 담은 책 『간호론』을 펴냈다. 이 책은 현대의 병원에서는 당연하게 여겨지는 위생, 환기, 보온, 환자의 심리 돌보기에 대한 최초의 저술이다. 이밖에도 작가로서 여성의 권리와 교육, 빈민법과 노예제 폐지에 대한 글을 썼다. 오늘날 간호대학 학생들은 실습에 나가기 전 "나는 일생을 의롭게 살며"로 시작되는 나이팅게일 선서를 한다.

에멀린 팽크허스트

Emmeline Pankhurst
사회운동가
(영국, 1858~1928)

"노예로 사느니 반역자가 되겠다."

에멀린 팽크허스트의 아버지는 노예제에 반대하고 여성이 정치에 참여할 권리를 가져야 한다는 데 동의하는 사람이었다. 그 아버지가 잠든 딸의 곁에서 "남자애로 태어나지 않아 안됐다"고 말하는 것을 들은 날, 어린 에멀린은 자신이 여자아이로 태어났음을 슬퍼하지 않았다. 대신 그는 남자들이 여자들보다 스스로를 우월하게 여긴다는 사실을 알게 되었다.

여성이 투표할 수 없던 시절, 열네 살에 이미 여성이 참정권을 얻어야 한다는 데 뜻을 정한 에멀린은 이후 결혼을 하고 다섯 아이를 낳아 기르면서 참정권운동에 헌신한다. 당시 여성의 정치 참여에 대한 남성 정치인들의 반발은 몹시도 거셌다. 투표권을 원하는 여성들의 뜻을 모은 결의안이 통과되더라도 법안은 생기지 않고, 법안이 제출되더라도 심의 대상조차 되지 못할 절망적 상황이었다. 에멀린은 이 단단한 벽 앞에서 거짓 희망에 속지 않고 투쟁을 이끌어가기로 한다.

운동의 불길이 거세지면서 용기를 나눠 가진 여성들은 시위를 조직하고, 전단지를 나눠주고, 뜻을 함께하며 모였다. 이들은 정부에 평등한 참정권을 요구하며 4년간 비폭력 투쟁을 지속했지만 광장에서 여성들은 계속해서 욕을 듣고 매를 맞고 감옥에 끌려갔다. 그러자 마침내 이들은 투쟁의 방식을 바꾼다. '서프러제트'라 불린 이들은 거리의 창문을 깨고 우체통에 불을 질렀다. 수감되어서도 감방의 유리창을 깨뜨리고 단식 투쟁을 이어나갔다. 인간의 삶보다 재산을 지키는 정부의 법을 비판하며 시골의 빈 저택과 경마장에 불을 지르고 빈 기차를 터뜨리고 미술관의 액자를 망치로 부쉈다. 한 여성은 국왕의 말 앞에 스스로 몸을 던짐으로써 자신의 목숨으로 여성의 권리를 외쳤다. 온 도시를 뒤흔든 이 격렬한 투쟁의 선봉에서 투옥과 단식, 단수 투쟁을 반복하며 쇠약해진 에멀린은 영국에서 여성이 남성과 완전히 동등한 선거권을 얻게 되기 불과 한 달 전에 숨을 거두었다.

차미리사

교육자, 독립운동가, 여성운동가
(대한민국, 1878~1955)

"수레 두 바퀴와 같은 남녀의 관계가 한쪽으로 기울어졌으니
이것을 바로잡아야 한다."

"여자는 남자의 부속이 되지 말고 독자적인 삶을 일구어나가야 한다." "여성에게 무엇보다 필요한 건 경제적 독립이다." "생각하되 스스로의 생각으로 살아라." 요즘에도 들을 수 있는 이런 말들은 무려 지금으로부터 백 년도 더 전, 차미리사가 여성들을 향해 외친 내용이다. 이른 나이에 결혼해 2년 만에 남편이 사망하자 차미리사는 기독교로 개종하여 중국 유학길에 오른다. 중국에서 학업에 매진하던 중 병을 앓아 귀가 어둡게 되었으나 또다시 미국으로 유학하고, 유학 중 안창호와 함께 「독립신문」을 발간한다.

미국에서 사회운동에 힘쓰던 차미리사는 한일합방 이후 독립운동에 뜻을 품고 한국으로 돌아온다. 그는 청년 여성들을 교육하는 일이 독립을 가능케 하리라고 생각했다. 이때까지만 해도 여성들에게는 교육의 기회가 주어지지 않았기 때문에 읽고 쓸 줄 아는 여성이 많지 않았다. 특히 차미리사는 어린 여성에 비해서도 또 한 번 교육에서 소외된 부인 교육과 실업 교육에 집중했다. 그는 여성이 직업을 갖고 독립적인 삶을 살아야 한다고 가르쳤다. 이어 차미리사는 조선여자교육회를 설립해 전국 방방곡곡을 돌아다니며 강연을 했다. 그는 여성에게도 교육받을 권리가 주어져야 하며 여성 스스로 삶에 주인 의식을 가져야 한다고 가르쳤다. 그가 가는 곳은 어디든 사람들로 북적였고 여자도 배워야 한다는 그의 말에 공감한 여성들은 가락지와 비녀를 내어놓으며 여성 교육 기금 마련에 힘을 보탠다. 이렇게 소외된 여성들이 한 푼 두 푼 모은 돈으로 차미리사는 근화여학교를 세운다. 이 근화여학교가 오늘날의 덕성여대다.

헬렌 켈러

Helen Keller
인권운동가, 사회운동가, 작가
(미국, 1880~1968)

"하늘 높이 날고 싶은 충동을 느낄 때, 땅을 기라는 말에 동의할 수는 없습니다.
절대 머리를 숙이지 마세요. 언제나 높게 드세요.
세상을 눈으로 직시하세요."

헬렌 켈러는 태어난 지 6개월 뒤 말을 시작했고 1년 뒤부터 걸어 다니기 시작했으나 19개월 때 병으로 시각과 청각을 잃었다. 헬렌의 교육에 열정이 있었던 그의 어머니는 가정교사 앤 설리번 선생님을 모셔 왔다. 그 자신도 중증 시각 장애를 갖고 있었던 교사 설리번은 듣지도 보지도 못하는 헬렌의 교육에 열성을 다했다. 설리번의 도움으로 헬렌은 눈과 귀가 닫힌 어둠 속에서 사물에 이름이 있음을 깨닫게 된다. 이때를 헬렌은 마음의 눈을 뜬 환희의 순간으로 기억한다. 이후 헬렌은 다섯 개의 언어를 구사하게 되었고 시청각 장애인 최초로 하버드대학 여자부를 졸업했다. 헬렌 켈러와 앤 설리번은 더 이상 서로 학생과 교사가 아니게 된 뒤에도 동반자로서 일생 동안 유대를 이어간다.

헬렌 켈러가 장애인으로서 지적·정신적 성장을 이루어간 이야기보다는 덜 알려져 있지만, 그가 평생을 바친 일은 사회운동이었다. 그는 장애를 지닌 자신이 살아온 이야기를 수필이나 연설, 논문으로 발표하는 한편 미국 맹인사업협회의 모금운동과 장애인을 위한 제도 마련에 힘쓰기도 했다. 또한 헬렌은 미국의 여성 참정권과 피임권을 위해 운동한 페미니스트였다. 그는 남자가 만든 법으로부터 여성들이 스스로를 지키기 위해 참정권이 필요하다고 외쳤다. 또한 그는 사회주의 활동가로서 노동자들을 위해 목소리를 높였고, 반전운동을 하는 평화주의자로서 전쟁으로 다친 군인 수천 명의 병문안을 갔으며, 인종 차별과 아동의 노동을 용인하는 정부를 비판했다. 또한 미 대륙 원주민의 인권을 위해 헌신해, 백인 여성으로는 두 번째로 우정의 표식인 하얀 깃털과 원주민 이름을 받았다.

김점동

의사
(대한민국, 1876~1910)

"지금 포기한다면 내겐 그 어떤 기회도 없다는 것을 잘 압니다.
그러므로 그것이 신의 뜻이라 해도 의사 공부를 포기할 생각이 없습니다."

한국의 첫 번째 여성 의사인 김점동은 한국인 최초로 의학사(MD) 학위를 받은 인물이다. 소녀 시절부터 영어 실력이 뛰어났던 김점동은 이화학당에 설치된 최초의 여성 전문 병원인 보구여관에서 통역 일을 했다. 이곳에서 그는 의사의 꿈을 갖게 된다. 열여섯에 결혼해 남편과 함께 유학길에 올랐고, 어려움 속에서도 강한 의지로 공부를 이어갔다. 볼티모어 의과대학을 우수한 성적으로 졸업한 김점동은 미국 병원에 추천서를 써주겠다는 교수들의 말을 마다하고 귀국한다. 한시라도 빨리 한국에 돌아가 여성들을 치료하고 낙후된 조국을 깨우쳐야 한다는 생각에서였다.

혼자 한국으로 돌아온 김점동은 보구여관에서 이번에는 책임의사로서 일하게 된다. 그는 의사의 지시를 따르지 않고 미신이나 민간요법으로 환자의 병세를 악화시키는 사람들을 깨우쳤다. 평양 부임 후에는 10개월 만에 3000명 넘는 환자를 치료하고, 나귀가 끄는 썰매를 타고 산골까지 진료를 간다. 당시 남의사에게 몸을 보이지 못하던 여자 환자들을 살피고 전국을 순회하며 무료 진료와 교육, 위생 지식 보급에 힘썼다. 그가 가는 곳마다 지역의 여성들이 눈을 빛내며 그의 가르침을 들었다. 그는 의료 활동뿐만 아니라 조선 여성들의 지위를 향상시키겠다는 의지로 살인적인 순회 일정을 감내했다.

김점동의 의술과 인품은 여성 의사를 믿지 못하는 당시의 분위기를 압도했고 실력과 공로를 인정받은 그는 고종 황제로부터 메달을 받았다. 그러나 이때 이미 김점동의 건강은 돌이킬 수 없는 상황이었다. 취약한 위생 환경에서 늘 환자들을 보느라 병균에 노출되고 과로에 시달린 그는 결국 서른넷 젊은 나이에 결핵으로 세상을 떠났다. 그를 존경하던 셔우드 홀이 한국에 결핵 병원을 세운 것은 김점동의 죽음 때문으로 알려졌다. 그의 노력으로 조선에서 결핵은 차차 자취를 감춘다.

김명순

소설가, 시인
(대한민국, 1896~미상)

"조선아 내가 너를 영결할 때, 죽은 시체에게라도 더 학대해다오.
그래도 부족하거든 이다음에 나 같은 사람 나더라도,
할 수 있는 대로 또 학대해보아라."

한국 최초의 여성 근대소설가 김명순은 약 100년 전, 그가 18세에 쓴 단편소설 「의심의 소녀」가 공모전에 당선되면서 등단했다. 이 소설은 등장부터 눈길을 끌었다. 당시 대부분의 소설이 계몽과 교훈을 담았던 것과 다르게, 형식에 갇히지 않고 현실을 표현했으며 현대적인 어투를 사용했기 때문이다. 극찬 속에 등단한 김명순은 잡지와 신문 등에서 고정 작가로 활약하고 소설을 연재하며 전성기를 맞는다. 하지만 세간의 시선은 따가웠다. 당시 한국의 문학계는 그가 여성이라는 이유만으로 김명순을 깎아내리기 바빴다. 5개 국어를 구사하며 보들레르의 명작을 국내에 최초로 번역 소개한 인물임에도 그의 능력과 작품보다는 사생활이 입방아에 오르내렸고, 일자리를 구하지 못해 항상 생계에 어려움을 겪어야 했다.

첫 직장이었던 신문사에서 김명순은 남자 동료들로부터 "남편 많은 처녀"라 불리며 성희롱을 당했지만 굴하지 않았다. 언론이 가하는 폭력과 희롱에 반박문으로 맞서기도 하고 그를 비난한 작가들을 명예훼손으로 고소하기도 했다. 사회의 뭇매에 용감하게 맞선 김명순은 가부장적이고 봉건적인 결혼관에 반대하고 여성의 자유를 외쳤다. 이런 생각은 그의 작품에서도 잘 드러난다. 근대 최초의 여성 문학인으로서 여성 해방을 부르짖은 선구자였던 그는 여성의 내면 심리를 섬세하게 묘사하고 남성 지식인 문화에 저항하는 글들을 썼다. 김명순은 20여 편의 소설과 100여 편의 시, 그밖에 희곡, 수필, 평론 및 많은 번역 시와 소설을 남겼다. 그러나 조선 사회는 그를 끝내 받아들이지 못했다. 그는 지나친 비방과 조롱을 견디지 못하고 일본으로 건너갔고, 가난 속에 살다 도쿄의 정신병원에 강제 입원한 채 생을 마쳤다.

버지니아 울프

Adeline Virginia Stephen Woolf
작가
(영국, 1882~1941)

"여성인 내게 조국이란 없다.
여성으로서 나는 조국을 원하지도 않는다.
여성으로 내 조국은 전 세계다."

런던에서 태어나 하이드파크에서 어린 시절을 보냈다. 작가였던 그의 부모는 버지니아를 포함한 딸들을 학교에 보내지 않았다. 대신 그의 집엔 도서관을 방불케 할 만큼 많은 책이 있었다. 모친이 죽은 후 버지니아는 런던 킹스칼리지에 들어가 독일어, 그리스어, 라틴어를 공부하다가 교육개혁운동을 하는 급진적 페미니스트들을 만난다. 곧 잡지에 전문적으로 글을 싣기 시작했으며 노동자들을 위한 야간 강의를 하고 여성 참정권운동에도 참여했다.

부친이 사망하자 집을 팔고 블룸즈버리로 이사한 버지니아는 사교 모임 블룸즈버리 클럽에서 레너드 울프를 만나 평생을 함께하게 된다. 버지니아의 첫 소설 『출항』을 발표하고 2년 뒤 둘은 리치먼드로 이사해 출판사를 세웠다. 이곳에서 버지니아 울프의 여러 대표작이 출간된다. 제1차 세계대전이 끝난 뒤 그는 새로운 실험적 작풍의 소설들을 발표했고 그의 대표작 중 하나로 꼽히는 『댈러웨이 부인』을 펴냈다. 페미니즘의 문제들을 내적 독백으로 표현한 이 작품은 모더니즘의 대표 고전이자 20세기의 영향력 있는 소설로 평가받는다. 이후 출간한 『등대로』에서는 한층 발전된 의식의 흐름 기법을 사용해 모더니즘 대표 작가로서 입지를 굳히게 된다. 이어 강의를 바탕으로 펴낸 수필집 『자기만의 방』에서 그는 여성이 소설을 쓰기 위해서는 '사유의 낚싯줄을 강물 깊이 담글 만큼의 돈'과 안에서 문을 잠글 수 있는 '자기만의 방'이 필요하다고 말했다. 사색의 공간을 빼앗기고 가난을 떠안았던 당대 여성들의 현실을 풀어낸 그의 글은 현대의 여성들에게도 큰 울림을 준다. 위대한 문학인으로서뿐 아니라 사회운동가로서 그의 목소리를 담은 대표작으로는 『3기니』가 있다. 최초의 서간체 에세이로 큰 파문을 일으킨 이 책에서 버지니아는 '남성들의' 전쟁, 여성을 착취하는 조국, 남성이 세운 폭력의 문명을 강도 높게 비판했다.

권기옥

비행사, 출판인, 독립운동가
(대한민국, 1901~1988)

"남자가 하는 일 중에 여자라고 못할 일이 뭐가 있소.
이끌어야지. 앞장서서 이끌란 말이야.
달에다 내 발바닥 지문을 탁 찍고 오겠다는 패기 정도는 가져야 하지 않겠는가."

1917년 5월, 서울 여의도 비행장에서 미국의 비행사 스미스가 곡예비행을 선보였다. 비행기를 보기 어렵던 때에, 창공을 가르며 곡예를 하는 비행기를 보면서 새로운 꿈을 품은 청소년 중에는 열일곱 살 권기옥도 있었다. 일제 강점기를 살아가며 어려운 가정 형편 때문에 은단공장에서 일을 하던 청소년 권기옥은 이때 비행기를 몰고 일본에 가서 폭탄을 투척하겠다는 다짐을 굳힌다.

열아홉 살에 그는 3.1운동에 참가했다가 감옥에 갇힌다. 어린 나이부터 감옥도 죽음도 두렵지 않았던 권기옥은 출옥한 뒤에도 항일운동을 계속한다. 그리고 또다시 체포되기 직전, 중국으로 탈출한다. 비행학교에 입학하리라 다짐한 권기옥은 중국 대륙을 한 달 동안 가로질러 윈난 비행학교로 향한다. 홀로 머나먼 이국의 학교를 찾아와 입학을 허가해달라 말하는 권기옥의 의지에 감탄한 교장은 입학을 승낙하고, 그는 9시간 동안 훈련비행을 한 뒤 바로 단독으로 비행할 수 있었을 만큼 뛰어난 학생이 된다. 그리하여 권기옥은 한국 최초 여성 비행사가 되었다.

독립운동에 뜻을 품고 기회를 노리며 권기옥은 중국에서 활약했다. 그는 중령까지 진급하고 중국 정부의 무공훈장을 받았으며, 그리하여 비행의 기회를 얻게 된다. 비행기가 무서워서 공군에 지원하지 않는 중국 남성 청년들을 독려하는 선전비행을 맡은 것이다. 이때 권기옥은 비행기를 일본으로 틀어 폭탄을 터뜨릴 계획을 세웠다. 그러나 이 날의 비행은 공교롭게도 무산되었다. 이후 광복을 맞아 한국으로 돌아온 권기옥은 국회 국방위원회 전문위원이 되어 공군을 만드는 데 크게 기여하고, 역사 기록에도 관심을 가져 한국 최초의 여성 출판인이 된다. 권기옥은 슬하에 자녀를 두지 않았다. 대한민국의 모든 젊은이가 자신의 자식이라는 말을 남긴 그는 전 재산을 장학금으로 기부했다.

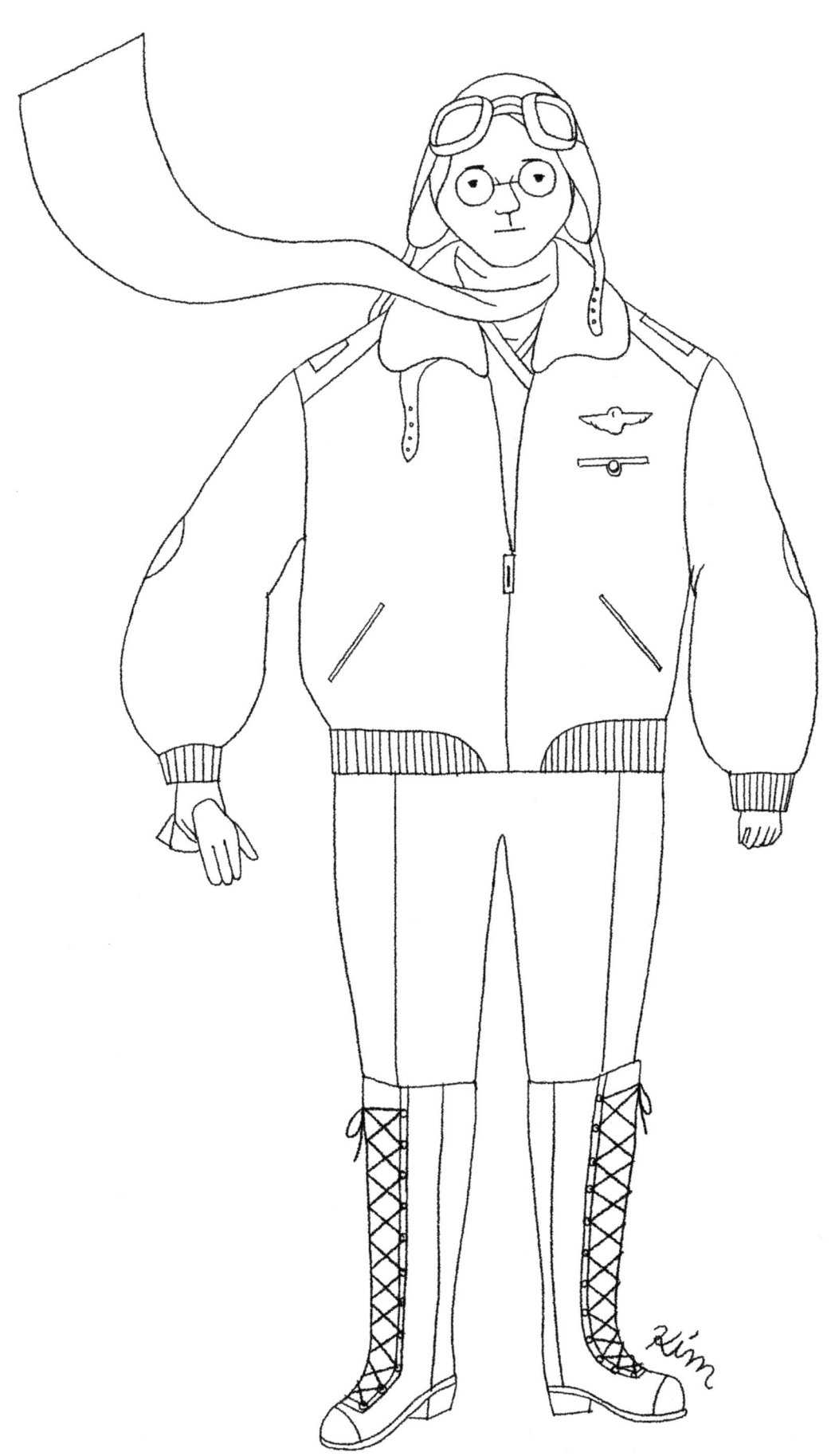

나혜석

화가, 소설가
(대한민국, 1896~1948)

"여자도 사람이외다."

한국 최초 여성 서양화가, 소설가, 시인, 조각가, 사회운동가, 독립운동가. 나혜석이 거쳐 간 직업은 무척이나 다양하지만, 이것으로는 나혜석의 삶을 도무지 설명할 수 없다. 한국 여성 최초로 세계 여행을 한 사람, 자유연애를 주장한 사람, 아이에게 자신과 남편의 성을 모두 붙인 사람, 이혼 후 쏟아지는 사회의 비난 속에서 당당히 「이혼고백서」를 발표해 조선 사회와 남자들의 이중성을 폭로한 사람, 임신·출산의 고통과 육아의 괴로움을 가감 없이 서술해 모성애가 본능이 아니라는 사실을 꼬집은 사람, 현모양처는 여자를 노예로 만들기 위한 말이라 외치며 가부장제에 맞서 싸운 사람.

부유한 집에서 태어나 유학길에 올랐던 나혜석은 사랑받는 화가이자 소설가였다. 그가 열었던 유화 전시회는 폭발적인 인기를 끌어 관람객으로 북적거렸고, 그가 쓴 소설 역시 널리 읽혔다. 그는 동시대에 활동하던 남성 화가와 소설가들이 포착하지 못하는 관점으로 그림을 그리고 글을 썼다. 그렇게 그는 가부장적 사회에서 여성 지식인으로서 어떻게 살아가야 할지를 끊임없이 고민하고 그 스스로 닫혀 있던 수많은 가능성을 열었다. 그의 자유로운 사고와 거침없는 발언은 남성들의 미움을 샀다. 하지만 나혜석은 비방과 악평, 가족의 외면에 시달리면서도 자신의 생각을 굽히지 않았다. 비판받지 않는다면 무엇으로 역사를 채우겠는가, 그렇게 말하며 그는 사회의 부조리에 대해 발언하고 싸웠다. 언제나 고독과 적막을 느꼈다고 스스로 썼으나, 나혜석에게 무엇보다 중요한 것은 자신이 참으로 살고 있다고 느끼는 것이었다. 그렇지 못한다면 죽은 것과 같다. 나혜석은 여성에게 어떤 권리도 주어지지 않던 식민지 조선에서 '여성도 인간임'을 온몸으로 외치며 살다 간 사람이다. 경기도 수원 팔달구에는 나혜석을 기리는 '나혜석 거리'가 마련되어 있다.

부춘화

해녀, 독립운동가
(대한민국, 1908~1995)

"칼을 들이대면 겁먹을 줄 아느냐?
우리는 죽을 각오로 나왔다."

"오백여 명의 해녀들이 파출소를 습격했다." 1932년 1월 26일, 「동아일보」에 실린 기사다. 어떻게 된 일일까? 전국 각지에서 일본에 의한 수탈이 이어지던 일제 강점기, 제주도에서는 해녀들이 채취한 해산물을 관리에게 빼앗기는 일이 흔했다. 해녀조합이라는 명목 아래 일제는 터무니없는 가격으로 해산물을 강탈하고 조합비를 착취했다. 쉼 없이 물질을 해도 생계조차 이을 수 없을 정도였다. 해녀들은 이에 항의하고 일제를 향해 여러 차례 시정을 요구했으나 받아들여지지 않았다. 그러던 어느 날, 해산물 갈취에 항의한 한 해녀가 경찰에 체포당했다. 이에 해녀들의 쌓였던 분노가 들끓기 시작했고 당시 해녀회장이던 부춘화는 다른 네 명의 해녀 동료와 함께 항쟁을 결심한다.

마침내 1932년 1월, 부춘화와 해녀들은 제주 세화리 해녀 1000명을 모아 세화리 장터에서 해녀 노래를 합창하며 시위를 벌였다. 그리고 만일 이번에도 요구가 받아들여지지 않으면 2차 시위에 나설 것이라 경고했다. 이어 해녀들은 도지사의 차를 습격해 막아선 채 해녀의 권익을 보호하라고 외쳤고 이를 진압하려는 일본 순경이 칼을 뽑아 들어도 물러서지 않았다. 그 결기에 오히려 도지사가 "혼비백산하여 도망쳤다"고 한다. 이 사건 이후 일본 경찰들은 시위를 조직한 사람이 야학 교사인 남성들이라고 생각해 그들을 대거 잡아들였고 이로써 투쟁의 물결은 제주도 전역으로 퍼져 나갔다. 500여 명의 해녀가 모여들어 전복을 따는 데 쓰던 빗창으로 파출소 건물을 박살내고, 순사의 모자를 빼앗고 제복을 찢었다. 이때 부춘화는 다른 해녀들을 보호하기 위해 모든 일을 자신이 혼자 꾸몄다고 말하며 감옥에서 고문을 당한다. 함께 연행된 또 다른 주동자 부덕량은 고문 후유증으로 27세에 순국했다. 투쟁은 한 해 동안 약 1만7000여 명의 해녀가 참여하고 총 238회 이어졌다. 이것이 바로 국내 최대 여성 항일운동이자 제주 3대 항일운동인 제주해녀항쟁이다. 운동 당시 23세이던 부춘화는 항일운동의 공을 인정받아 2003년 건국훈장을 추서한다.

로자 파크스

Rosa Lee Louise McCauley Parks
인권운동가
(미국, 1913~2005)

"지금 옳은 일을 하고 있다면,
절대 두려워해서는 안 됩니다."

흑인은 백인이 다니는 학교를 다닐 수 없고 백인이 운영하는 식당이나 카페에 들어갈 수 없는 시절이 있었다. 흑인과 백인이 같은 공간에 있을 수 있다 해도 시설과 물건들이 유색인 전용과 백인 전용으로 나뉘어 있던 때였다. 심지어 버스의 좌석이나 법정에 놓인 성경책마저 그랬다. 공중시설도 마찬가지다. 백인 전용 식수대에서 물을 마신 흑인은 백인으로부터 심한 타박 또는 폭행을 당했다. 이런 공공연한 흑백 분리가 사라진 것은 겨우 50여 년 전의 일이다.

어느 날, 일을 마친 로자는 집으로 향하는 버스에 올랐고 '유색인' 자리의 맨 앞줄에 앉았다. 가다 보니 어느새 백인 자리가 전부 차 백인 두세 명이 서 있게 되었다. 그러자 운전기사가 다가와 유색인 자리 표시를 한 칸 뒤로 옮겨놓으며, 유색인 자리의 맨 앞줄에 앉은 흑인 네 명에게 일어나라고 말했다. 다른 세 사람은 잠자코 기사의 지시를 따랐다. 하지만 로자는 꿈쩍도 하지 않았다. 그는 피로했다. 퇴근길이라서가 아니라, 이러한 차별을 계속 받아들여야만 하는 현실에 피로를 느꼈다. 그는 참고 넘어가지 않기로 결정했고, 기사에게 대답했다. "내가 일어나야 할 이유가 없는 것 같은데요."

이 일로 로자는 경찰에 체포되었다. 소식을 들은 흑인들은 분노했고 버스 승차 거부운동을 벌였다. 로자의 재판이 있던 날, 많은 흑인이 승차 거부운동에 동참해 시내버스들은 거의 텅텅 빈 채로 달렸다. 이 보이콧은 382일 동안 이어졌다. 이 사건이 타 지역으로 알려지면서 대규모의 흑인 인권운동으로 발전했고, 결국 다음해 연방대법원은 버스 안의 인종 분리 제도가 위헌이라는 판결을 내렸다. 그렇게 로자의 용기는 흑인의 권리를 개선하는 미국 민권운동의 시초이자 모범이 되었다. 그는 흑인 인권운동의 상징적 존재로서 이후 정계에서 일하며 연설을 하고 인권운동에 생을 바쳤다.

허정숙

여성운동가, 언론인
(대한민국, 1902~1991)

"남의 아내, 남의 며느리가 되어
한갓 그 집안 시부모와 남편 한 사람만을 공경하는 것보다
오히려 사람으로서의 개성을 살리고 인권을 차지하는 것이
우리 눈앞에 급박한 큰 문제다."

혁명이 직업이었던 여성으로 일컬어지는 허정숙은 활동 당시부터 '두뇌가 명석하고 이론에 투철하다'는 평가를 듣는 탁월한 사상가였다. 어머니를 보며 가부장제의 부조리를 일찍이 깨우친 그는 배화여학교 시절 선생이었던 차미리사를 도와 여성 교육 활동을 시작했고 사회주의 여성 단체 조직을 주도하며 여성의 권리를 위해 힘썼다.

허정숙은 잡지 『신여성』과 「동아일보」의 기자로 활동하면서 사회주의 사상을 펼치고 여성 인권을 위한 글을 많이 썼다. 상류 가정의 여성은 집안의 꽃이나 남자의 노리개가 되고 중산층 이하의 여성은 오로지 가정의 노예가 된다는 사실을 적나라하게 꼬집으며 여자가 집안의 장식품이 되어선 안 된다고 강조했다. '여성의 아름다움'을 강요하는 남성적 문화가 여성을 상품화하는 것을 지적하며 허정숙은 스스로 머리를 단발로 잘라 저항을 실천했다. 이에 그치지 않고 전국 각지의 여성 단발운동을 주도하며 가위를 들고 머리를 자르는 퍼포먼스를 했다.

당대의 많은 여성 활동가처럼 그 역시 연애가 구설수에 올라 도망치듯 미국 유학길에 오르기도 했으나 "여성의 본능"과 자유연애를 옹호하고 실천했다. 유학에서 돌아온 뒤 독립운동에 참여하던 그는 점차 한국 최초의 전국 여성운동 단체인 근우회 활동에 주력한다. 그는 근우회가 일부의 배운 여성만을 위한 것이 아닌 모든 여성의 모임이 되어 사회 곳곳에 퍼질 수 있도록 노력했다. 결국 근우회가 해체된 뒤 허정숙은 중국으로 망명하여 항일 무장투쟁을 이어간다. 해방 후에는 평양으로 가 정치가로 활약했고 그의 장례는 국장으로 거행됐다.

이태영

변호사, 여성운동가
(대한민국, 1914~1998)

"귀중하게 태어난 인간,
법 앞에서라도 만인이 다 평등하게 살아야 한다."

이태영은 "아들 딸 가리지 않고 공부 잘하는 아이만 뒷바라지하겠다"고 말하는 어머니 밑에서 자랐다. 여자는 결혼해서 죽도록 일해도 쫓겨나면 돈 한 푼 받을 수 없고, 이혼하면 제 아이에 대한 권리를 가질 수 없고, 재산을 상속받을 수조차 없던 시절이다. 어머니 덕분에 남자 형제들과 똑같이 배울 수 있었던 이태영은 한국 여성 최초의 서울대 법대생이 되었다.

사법고시에 합격한 이태영은 판사가 될 수순을 밟고 있었으나 "여성 판사는 시기상조"라는 대통령의 거듭된 반대로 판사 임용을 거부당했다. 검사나 판사가 된 남성 동기생들 사이에서 그 혼자만이 변호사가 되었다. 그렇게 한국의 첫 여성 변호사가 된 이태영은 법에서 소외된 여성의 권리를 찾으려 힘쓴다. 그가 여성법률상담소를 열었을 때 그를 찾아와 억울함을 호소하는 여성들이 줄을 이었다. 하나뿐인 여성 변호사를 못마땅하게 여기는 법조계의 비난 속에서 그는 여성과 아동 보호를 호소하고 가정법원 설립에 기여했다. 이밖에도 강연, 토론회, 교육을 행했고 여성을 억압하는 가족법을 바꾸자는 캠페인을 일으켰다.

먼저 이태영은 이혼 여성들의 권리에 주목했다. 당시의 법으로는 이혼한 여성에게 재산에 대한 권리가 없었고 이는 여성들의 생존이 걸린 문제였다. 여성의 재산분할 청구권을 주장한 이태영의 가족법 개정운동을 통해 비로소 이혼 여성도 경제권을 보장받게 되었다. 무엇보다 그가 생을 바쳐 싸운 것은 호주제 폐지였다. 오직 남자만 한 집의 주인이 될 수 있다고 규정한 호주제는 가족 안에서 여성을 열등하게 순위 매기고 권리를 박탈함으로써 수많은 문제를 낳고 있었다. 이태영은 가족 구성원이 성별을 떠나 평등한 관계를 맺을 수 있어야 한다는 일념으로 호주제 폐지에 헌신한다. 53년, 반세기가 넘는 싸움이었다. 그러나 이태영은 호주제가 마침내 사라지는 순간을 보지 못했다. 그가 숨을 거둔 며칠 뒤 국제연합(UN)은 한국에 호주제 폐지 권고를 내렸고 이후 다양한 여성운동 단체가 함께 투쟁한 끝에 2005년 호주제는 완전히 폐지되었다.

캐서린 존슨

Katherine Johnson
물리학자, 수학자
(미국, 1918~)

"여자들은 남자들이 할 수 있는 모든 것을 할 수 있습니다.
때론 그들보다 더 풍부한 상상력을 갖고 있지요."

캐서린 존슨은 아주 어렸을 때부터 수학에 관심이 많았다. 하지만 그가 살던 동네에서 흑인은 고등교육을 받을 수 없었다. 공부를 멈추길 원치 않은 캐서린은 흑인도 고등학교를 다닐 수 있는 곳으로 이사를 갔다. 14세 때 대학교에 진학하여 전액 장학금을 받았고 최우등으로 졸업했다. 졸업 후에는 교사가 되었지만 곧 교사직을 그만두고 흑인 여성으로서는 처음으로 웨스트버지니아 대학원에 입학했다. 고등교육을 받는 흑인 여성조차 드물던 시절, 캐서린이 선택한 수학 분야는 더욱 높은 문이었다. 그럼에도 결국 캐서린은 초기 미국항공우주국(NASA)에 들어가는 데 성공한다.

인종 차별과 성차별은 이곳에도 따라왔다. 흑인 여성만 모인 별도의 시설에서 근무해야 하는가 하면 중요한 회의에 여성이라서 참석할 수 없었고, 그가 작성한 보고서에 이름을 올릴 수 없었다. 그러나 캐서린은 그런 현실에 순응하지 않았다. 적극적인 건의로 결국 회의에 참석했고, 자신의 이름으로 보고서를 냈다. 무엇보다도 그는 비범했다. 캐서린은 컴퓨터의 궤도 계산을 신뢰하기 어렵던 시절에 우주선 프렌드십 7호의 비행 궤도를 손으로 완벽히 계산해, 우주선으로 지구를 세 바퀴 도는 세계 최초의 프로젝트를 성공시켰다. 이후에도 그는 1969년 인류를 최초로 달에 착륙시킨 아폴로 11호 등 여러 우주 비행 프로젝트에 참여했다. 궤도, 착륙 지점 등 비행에 필요한 계산을 맡은 캐서린은 '컴퓨터보다 정확하다'는 동료들의 신뢰를 받았다. 33년간 NASA에서 각종 세계적 프로젝트에 공헌한 그는 2015년 미국 시민에게 주어지는 최고의 상인 대통령 자유훈장을 받았다. NASA는 지난해 캐서린 존슨을 기려 그의 이름을 딴 연구 센터를 지었고 올해 100세를 맞이한 그를 위해 홈페이지에 존경의 메시지들을 실었다. "그가 아니었다면 우리는 지금 여기 있을 수 없었을 것입니다."

투유유

屠呦呦
중의학자, 화학자
(중국, 1930~)

"나는 할 말이 별로 없습니다.
항말라리아 약 연구 및 제조 임무를 받았을 당시는 말라리아가 인류에 중대한 위협이었고
나는 열심히 임무를 완수해야겠다는 생각뿐이었습니다."

투유유는 말라리아 특효약을 찾아낸 공으로 2015년 노벨 생리의학상을 수상한 중국 최초의 여성 노벨상 수상자다. 전쟁이 한창일 때에도 전쟁보다 말라리아로 죽은 이가 더 많았을 정도로 말라리아는 오랫동안 두려움의 대상이었다. 중국의 말라리아 치료제 개발 프로젝트에 투입된 투유유는 중국 고대 문헌을 조사하는 독특한 방식을 택했다. 그와 그의 팀은 2000여 년 전 쓰인 중국 의학서에 나오는 약초 수백 개를 실험해 마침내 개똥쑥이라는 풀에서 효능을 발견한다. 그의 집념이 드러나는 대목은 여기서부터다. 투유유는 개똥쑥으로 2000가지 약초 제조 방법과 190번의 표본 실험을 했다. 통풍구도 없는 열악한 실험실에서 간염을 앓으면서도 재실험을 반복한 결과, 투유유는 마침내 효능 100퍼센트의 '개똥쑥 추출물'을 발견한다. 성공적인 동물 실험 결과를 손에 넣은 그는 스스로 첫 번째 인간 실험 대상자로 지원한다. 투유유의 발견으로 매년 70만 명을 죽음에 이르게 했던 말라리아의 사망률은 절반으로 줄어들었다.

'서양의학에 맞선 중의학의 쾌거'를 이뤘다고 일컬어진 투유유는 실험 당시 "항아리 7개밖에 얻을 수 없었다"고 할 만큼 장비와 지원이 부족했다. 극단적으로 열악한 환경에서도 집념으로 성과를 이뤄낸 것이다. 또한 투유유의 수상은 중국 내에서 서둘러 성과를 내기 위해 거짓 보고나 유명무실한 연구를 일삼는 과학자들이 권위를 틀어쥐고 있는 부조리를 비판하는 계기가 되었다. 실제로 투유유는 위대한 발견을 하고도 노벨상 수상 전까지 40년간 중국 학계에서 빛을 보지 못했다. "조급하면 성과를 이룰 수 없다"고 차분히 일침을 날린 투유유는 박사학위도, 중국의 권위 있는 과학자들에게 주는 '원사'의 칭호도, 해외 유학 경험도 없는 '3無(무)'의 학자라 불린다.

박남옥

영화감독
(대한민국, 1923~2017)

"나는 하루라도 더 살고 싶다.
우리나라 여성 영화인들이 좋은 작품을 만들고
세계로 진출하는 것도 보고 싶다."

한국 최초의 여성 영화감독 박남옥은 소녀 시절부터 분주했다. 학교에서는 높이뛰기와 투포환 선수로 활약했고, 하교 길에는 헌책방에서 화집을 구경하고 영화 포스터를 모았다. 학교가 일본 대학 진학을 허용하지 않았음에도 직접 입학 자료를 구해 우에노 미술학교를 지망했다. 결국 뜻을 접고 이화여전 가정과에 입학하나 '내가 있을 곳이 아니다'란 생각에 한밤중에 혼자 학교를 빠져나옴으로써 스스로 대학 생활을 끝냈다. 결혼 후 남편이 밥벌이 생각이 없어 보이자 박남옥은 스스로 그림책을 만들어 팔기로 한다. 추운 방 안에서 언 손으로 스테이플러를 박느라 손톱이 피투성이가 되었는데 판매에도 실패한다. 막 전쟁이 끝난 피란지에서 알록달록한 그림동화가 팔리가 없음을 그제야 깨닫지만, 박남옥은 좌절하기보다 '그래도 이럴 때일수록 그림동화가 필요한 법인데'라 생각했다.

그는 친구 소개로 촬영소에 다니며 영화에 입문한다. 휴전 바로 다음해, 그것도 아이를 낳자마자 영화 제작에 들어갔다. 갓난아이를 업고서 촬영 팀 점심값을 감당하려 직접 장을 봐 열다섯 명분의 밥을 지었다. 한 손에 촬영기, 한 손에 기저귀 가방, 등에는 우는 아이를 업고 빽빽한 기차에 선 채로 끼어 일곱 시간을 견디고, "연초부터 재수 없게 여자 작품은 녹음할 수 없다"는 말을 들어도 참았다. '녹음실 출근 투쟁'이라 스스로 회상한 이때를 박남옥은 촬영 팀 때문에 견뎠다며 이렇게 말한다. "영화 제작은 단결이니까."

그의 영화 만들기는 한 번으로 끝난다. 이후 박남옥은 남편과 헤어지고, 출판사에 들어가며 모험을 끝내는가 싶었다. 그러나 박남옥은 박남옥이다. 2년 뒤 '아시아영화제' 소식을 듣자마자 그는 속으로 외친다. "밀선 타고 가려다 실패했던 그 동경에 가봐야지! 영화 잡지를 발간하자!" 그렇게 그는 영화 잡지 발행인이 되었다. 당시에는 흥행에 실패한 그의 작품 「미망인」(1955)은 남편을 잃은 여성의 어려움을 여성 관점에서 풀어낸 작품으로, 훗날 재평가된다.

제인 구달

Jane Goodall
동물행동학자, 환경운동가
(영국, 1934~)

"당신이 하는 일이 변화를 만든다.
당신은 어떤 변화를 만들고 싶은지 정해야 한다."

제인 구달은 아주 어린 시절부터 동물을 알고 싶어했다. 닭의 작은 몸에서 어떻게 큰 달걀이 나오는지 궁금해 닭장에서 몇 시간이고 숨죽이기도 하고, 정원 한구석에 캠프를 세우고 동물들을 관찰하며 글을 썼다. 언젠가는 꼭 아프리카에 가리라 결심한 제인은 대학에 들어가는 대신 비서 자격증을 땄다. "비서는 세계 어디에서도 직장을 구할 수 있다"는 어머니의 말 때문이다. 이후 병원, 옥스퍼드대학, 영화 제작소에서 일했지만 아프리카에 대한 꿈을 잊지 않았다.

그리고 케냐의 친구로부터 초대를 받았을 때 그는 망설이지 않고 아프리카로 떠났다. 어머니의 말이 틀리지 않았는지, 그는 아프리카에서 인류학자의 비서가 된다. 그러나 제인은 화석이나 박물관의 동물들이 아닌 살아 있는 동물을 연구하기를 원했다. 결국 그는 스스로 침팬지 연구에 나선다. 사상자와 난민으로 가득했던 당시의 아프리카에서 젊은 여성이 침팬지 연구를 위해 오지로 떠난다는 이야길 들은 사람들은 다들 제인이 정신이 나갔다고 여겼다.

제인 구달의 도전은 처음부터 어려움에 부딪혔다. 야생에서의 생활이 쉽지 않았음은 물론이고, 침팬지의 경계심이 대단했기 때문이다. 조심스레 거리를 좁혀간 지 1년 만에 겨우 제인은 침팬지에게 90미터 거리까지 다가갈 수 있었다. 그리고 어느 날 한 침팬지가 제인의 캠프까지 찾아와 바나나를 훔쳐 갔다. 그는 제인 구달의 첫 침팬지 친구 데이비드 그레이비어드가 된다. 동물은 숫자가 매겨진 연구 대상일 뿐이던 당시로선 침팬지에게 이름을 붙여주는 것은 획기적인 일이었다. 제인은 이름을 붙이는 데 그치지 않고 침팬지가 도구를 사용한다는 것을 밝혀낸다. 인간만이 도구를 사용할 수 있다고 믿던 시절, 제인의 발견은 세계에 충격을 안겼다. 제인은 22년 넘게 침팬지를 연구하며 그들이 얼마나 경이로운 존재인지를 알리고 인간에 의해 침팬지들이 죽음의 위험에 처하는 현실을 개선하기 위해 나선다. 그는 연구소를 설립해 침팬지를 비롯한 동물들의 생존권을 위한 활동을 오늘날까지 이어오고 있다.

베르타 카세레스

Berta Cáceres
환경운동가
(온두라스, 1971~2016)

"나는 살고 싶다. 아직도 하고 싶은 일이 많다.
군대는 나를 비롯하여 18명을 살생부에 적었고 한 명씩 살해하고 있다.
그러나 나는 단 한 번도 우리의 영토와 존엄한 삶을 위한 투쟁을 포기한 적이 없다.
이것이 정당하기 때문이다."

온두라스의 환경운동가 베르타 카세레스는 2016년 3월 자택에서 총에 맞아 숨진 채 발견됐다. 2015년 환경운동 분야의 노벨상인 골드먼 환경상을 수상한 세계적 활동가였던 그는 이미 지속적 살해 위협을 받고 있었고 언제나 경호원을 대동해야 했다. 환경 보호와 지역 주민 생존권을 옹호하는 활동가들이 살해 위협에 시달리는 것은 중남미 지역에서는 흔한 일이다. 온두라스 정부가 세계 기업들을 상대로 무분별 개발을 허용한 이래 온두라스의 국토, 광물, 자원은 돌이킬 수 없이 파괴되고 사람들은 살 곳을 잃었다. 활동가와 단체들은 주민들의 삶을 파괴하는 거대 자본과 정부에 맞선다. 계란으로 바위 치기 같은 이 거대한 싸움에서 베르타는 실질적으로 여러 개발을 무산시키고 거대 기업을 철수시키는 등 수많은 성취를 이뤄왔다.

베르타는 대학 시절부터 원주민의 삶터와 환경을 지켜야 한다고 외쳤고 정부 개발 사업을 중단시키고 원주민의 토지 소유권을 인정받는 결과를 이끌어냈다. 그러나 온두라스 정부는 환경운동을 테러리즘으로 규정하며 활동가들을 위협하고 살해했다. 베르타가 살해되기 이전 5년간 온두라스에서만 101명의 활동가가 살해되었으며 베르타 사후 며칠 뒤 그의 동료 활동가 역시 총에 맞아 숨졌다. 그들은 온두라스 정부의 수력발전댐 건설 계획에 저항하는 중이었다.

동료의 죽음을 보고 또 자신이 살해 협박을 받아가면서도 물러설 수 없는 것은, 싸우지 않는 것 역시 죽음을 의미하기 때문이다. 베르타의 자택에 침입해 총을 쏜 이들은 2명에서 11명까지로 추정된다. 그러나 살해범은 처벌되지 않고 오히려 죽음의 순간 베르타와 함께 있던 활동가가 목격자라는 명목으로 구금되었다. 베르타의 죽음이 알려진 뒤 전 세계는 온두라스 정부를 향해 "죽음의 원인을 밝혀내라"며 "베르타를 위한 정의"를 촉구했다.

마리암 미르자하니

Maryam Mirzākhāni
수학자
(이란, 1977~2017)

"중요한 것은 재능이 아니라 재능이 있다고 느끼는 것이다."

어린 시절 이란-이라크 전쟁을 겪은 마리암은 제대로 된 교육을 받지 못한 채 혼자 손에 잡히는 모든 책을 읽으며 지냈다. 그러다 전쟁이 끝나고 영재 개발을 지원하는 국립 중학교에 들어가면서 교육의 기회를 얻게 된다. 고등학생 때 마리암은 직접 교장을 찾아가 국제 수학 올림피아드 여학생 준비반을 만들어달라고 요청했다. 대회를 준비하는 것도 참가하는 것도 남학생들에게만 허용되고 있었기 때문이다. 그렇게 스스로 기회를 만든 마리암은 이란 여학생으로서는 처음 대표 선수로 선발되어 두 번 연속으로 금메달을 따냈다. 10대 때부터 수학 천재로 이름을 날린 그는, 이란에서 대학교를 마치고 미국으로 건너가 연구를 이어갔다.

마리암은 스스로를 "느린 사람"이라고 불렀다. 다만 어려운 수학 문제 하나를 가지고 몇 달이고 몇 년이고 시도를 멈추지 않았다. 오래 걸리더라도 문제가 안 풀린다고 실망하거나 포기하지 않는 것이 그의 재능이다. 그리하여 마리암은 몇 년을 매달려 굽어진 공간의 부피를 구하는 법을 풀어낸 그의 박사학위 논문으로 세계를 놀라게 했다. 이 연구는 우주 공간의 부피를 구하는 이론이 되었고, 수학의 여러 분야를 연결하는 중요한 역할을 했다. 2014년 마리암은 여성 최초로 필즈상을 수상했다. 상이 만들어지고 80여 년 만에 첫 여성 수상자가 나온 이 상은 새로운 분야 개척에 공헌한 수학자에게 주어지는 세계적 권위의 상으로, '수학의 노벨상'이라고도 불린다. 상을 받은 그는 이렇게 말했다. "어릴 때 스스로 수학에 재능이 없다고 생각해 포기하려 한 적이 있습니다. 하지만 수학에서 중요한 것은 재능이 아니라 스스로 재능이 있다고 느끼는 것입니다." 그는 특히 여학생들이 수학에 자신감이 없는 것을 안타까워했다. 자신이 최초의 여성 수상자가 된 것은 여성이 수학을 하는 문화 자체가 부족하기 때문이다. 시간이 지나고 생각이 바뀌면 이런 불균형도 반드시 바뀔 것이라고 그는 굳게 믿었고, 몸소 증명해냈다.

말랄라 유사프자이

Malala Yousafzai
교육활동가
(파키스탄, 1997~)

"나는 '탈레반에게 총을 맞은 소녀'가 아닌 '교육을 위해 싸운 소녀'로 기억되고 싶다.
그것이 내가 인생을 바쳐 헌신하고 싶은 목표다."

최연소 노벨상 수상자이며, 세계에서 가장 영향력 있는 10대로 불렸던 파슈툰족 소녀 말랄라. 그의 이름은 흰 베일을 쓰고 전장을 누볐던 역사 속의 전사 말랄라이에서 따왔다. 말랄라의 아버지는 지역에서 학교를 운영했고 말랄라는 아기 때부터 학교를 누비고 다녔다. 파슈툰족 전통대로라면 여성은 남성 친척을 동행하지 않고는 바깥에 나갈 수 없었지만 말랄라는 자유로이 연을 날리는 남동생을 보며 알렉산드로스 대왕 만큼 자유롭게 살리라 다짐했다.

말랄라가 열 살 때, 테러 조직 탈레반이 말랄라가 사는 지역에 들어와 사람들을 억압했다. 테러와 총격전이 끊이지 않았고 시체는 모두가 볼 수 있는 광장에 버려졌다. 특히 여성들은 외출을 금지당했고, 베일 착용을 강제당했고, 교육을 금지당했다. 하지만 말랄라는 굴하지 않았다. 친구들이 "누가 그들을 막을 수 있겠냐"고 할 때 말랄라는 "그들이 어떻게 우리를 막을 수 있느냐"고 말했다. BBC 라디오에서 탈레반 치하 여학생의 이야기를 담으려 한다는 걸 알게 된 말랄라는 곧바로 자원했다. 목소리를 내는 것이 자신의 투쟁 방식임을 깨달은 말랄라는 블로그에 글을 썼고, 「뉴욕타임스」 다큐멘터리에 출연했다. 그는 세계를 향해 똑바로 말했다. "그들은 우리가 학교에 가는 것은 막을 수 있겠지만 배우는 것을 막을 수는 없어요." 말랄라의 목소리는 많은 이에게 가 닿았다.

2012년, 탈레반은 말랄라를 살해하겠다고 공개적으로 협박한다. 이어 말랄라는 "말랄라가 누구냐"고 물으며 학교 버스에 뛰어든 남자들이 쏜 총에 맞아 혼수상태가 된다. 그러나 말랄라는 기적적으로 살아났다. 살해 위협은 계속됐지만 말랄라는 목소리를 내기를 멈추지 않았고, 세계는 점점 더 그를 주목했다. 여학생들이 교육받을 권리를 위해 끝까지 싸우겠다 다짐한 말랄라는 열일곱이 되던 해에 노벨평화상을 수상한다.

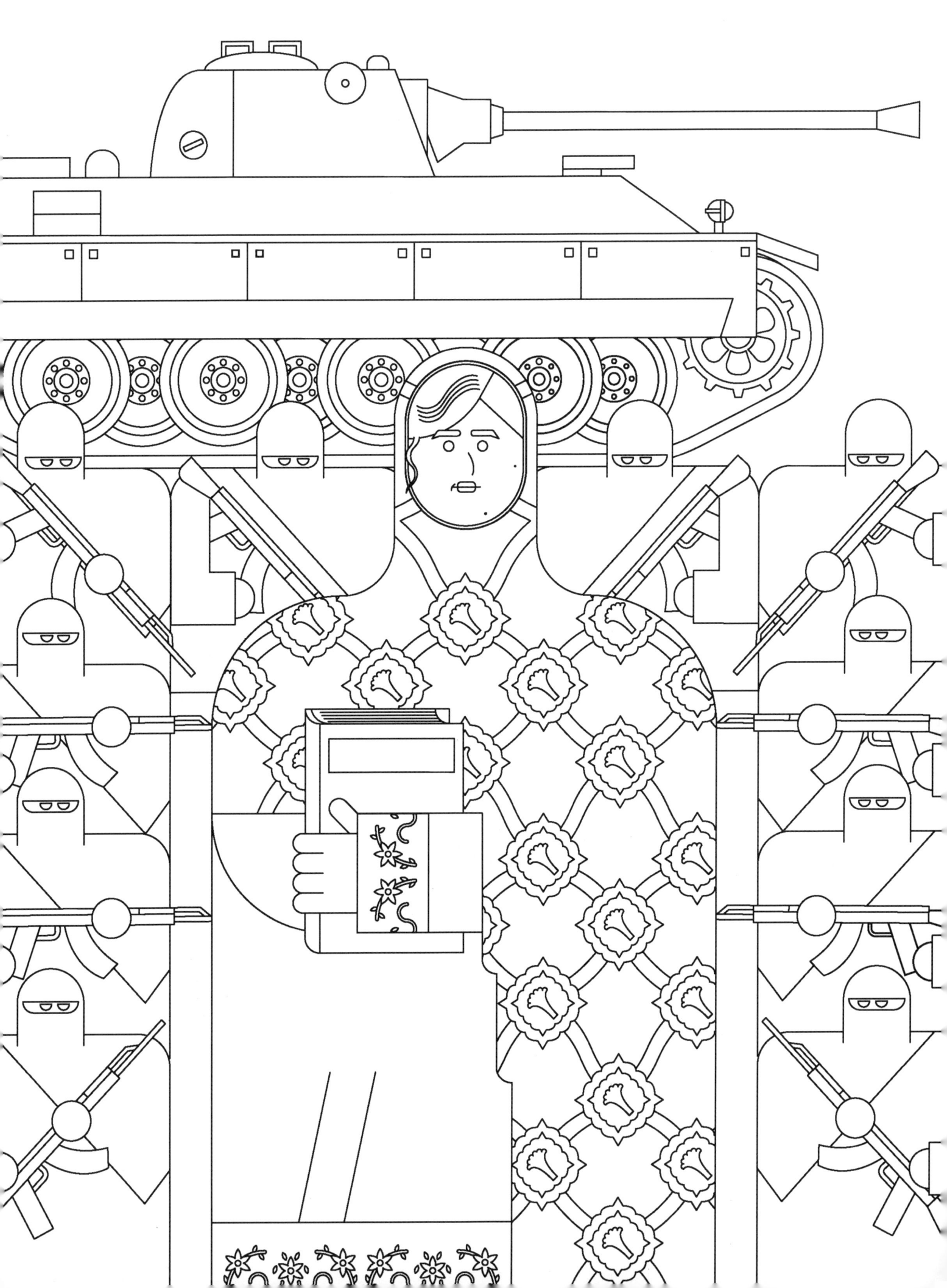

그린 사람들

플로렌스 나이팅게일
이은주

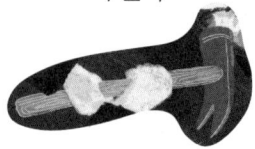

시각디자인과 커뮤니케이션 디자인 전공. 현재 한국과 영국에서 활동 중이다. AOI(일러스트레이션 협회), AI(American Illustration), 『3x3』의 국제 일러스트레이션 대회들에서 입상했다.

에멀린 팽크허스트
요이한

그림을 탐구하는 사람.

차미리사
최진영

일러스트레이터. 살다가 가끔 떠오르는 것들을 엮어 그림으로 만든다.

헬렌 켈러
실키

『나 안 괜찮아』『하하하이고』를 그리고 썼다. 인도에서 그림 공부를 하며, 현재 프랑스에서 새로운 배움을 위해 도전 중.

김점동
홍세인

서울에서 포푸리라는 1인 스튜디오를 운영하며 리소그래프 인쇄와 일러스트 작업을 하고 있다.

김명순
권아라

순수미술을 공부했고 현재 프리랜스 일러스트레이터로 활동하고 있다. 단행본, 그림책, 광고, 잡지, 앨범 등 다양한 매체에 그림을 그린다.

버지니아 울프
도도

일러스트레이터. 잘 알려지지 않은 여성 위인들을 소개하는 작업에 함께하게 되어 기쁘게 생각한다.

권기옥
김승연

그림책 작가. 그래픽 스튜디오이자 독립출판사인 텍스트컨텍스트(textcontext)를 운영하고 있다. 평생 옆에 두고 볼 수 있는 친구 같은 그림책을 꾸준히 만들어갈 계획이다. 『여우모자』『얀얀』 등의 책을 짓고 『어느 날,』을 그렸다.

나혜석
김혜림

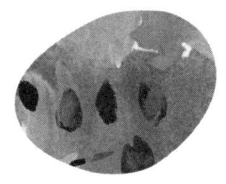

평범한 날들을 그린다. 공간과 사람, 사물이 담고 있는 고유의 색상과 패턴을 선명하고 담백하게 담아내고자 한다. 『단 하루도 너를 사랑하지 않은 날이 없다』 등에서 일러스트 작업을 했다. 홈페이지 rimdraw.com

부춘화
김희애(Fhuiae Kim)

프리랜서 그래픽 디자이너. 프로젝트 각각의 이야기를 담은 제3의 언어를 발견하려 시도해왔다. 문자 언어와 그림 언어의 간극을 실험하는 책들을 만든다. 홈페이지 fhuiae.com 인스타그램 @fhuiae

로자 파크스
엄주

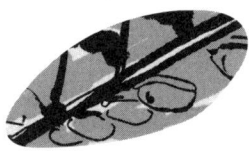

성실한 외주 작업자. 할머니 될 때까지 꾸준히 그림 그릴 생각으로 살고 있다.

허정숙
최지수(갯강구)

여행과 공간에 대한 이야기를 쓰고 그리는 일러스트레이터. 여행을 떠나거나 여행을 그리워하며 시간을 보낸다.

이태영
안혜원(anneartamour)

시각디자인 전공. 좋아하는 일이 직업이라서 행복한 일러스트레이터.

캐서린 존슨
애슝(AE SHOONG)

시각적 언어들을 폭넓은 방식으로 표현하고 있다. 대표작으로는 『SHORT CUT』 『페페의 멋진 그림』 등이 있다.

투유유
이빈소연(Leebinsoyeon)

일러스트레이터. 일상적인 소재로 비일상적인 이야기를, 비일상적인 소재로 일상적인 이야기를 만든다. 『다니자키 준이치로 선집』 표지와 삽화를 그렸고 '장례식 3부작'과 최근 『모든 것의 시간』 등을 펴냈다.

박남옥
권서영

출판, 일러스트, 애니메이션 등 다양한 분야에서 활발히 활동하는 작가. 대표작으로 '시루 더 디저트'가 있다.

제인 구달
윤예지(Yeji Yun)

서울에 거주하는 일러스트레이터. 상상의 여지가 있는 이야기들을 만들어내는 것을 좋아한다. 『땅콩나라 오이제국』 『12 Lands』 『On the Rocks』 등의 그림책을 작업했다. 홈페이지 seeouterspace.com

베르타 카세레스
손은경

프리랜스 일러스트레이터.

마리암 미르자하니
황희진

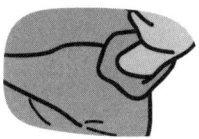

디자인스튜디오 콘그레이의 일러스트레이터. 직장인의 일주일을 담은 『오-디너리 라이프』와 초간단 요리 레시피북 『조립食 요리』를 작업했다.

말랄라 유사프자이
박윤수(heyola)

사람과 소품, 건물, 공간에 관심을 두고 조합하는 작업을 한다.

그린 사람들

참고문헌

단행본·논문

강만길·성대경 엮음, 『한국사회주의운동인명사전』, 창작과비평사, 1996.
나혜석, 『나혜석, 글 쓰는 여자의 탄생』, 장영은 엮음, 민음사, 2018.
리튼 스트레이치, 『빅토리아 시대 명사들』, 이태숙 옮김, 경희대학교출판국, 2003.
말랄라 유사프자이·크리스티나 램, 『나는 말랄라』, 박찬원 옮김, 문학동네, 2014.
박남옥, 『박남옥: 한국 첫 여성 영화감독』, 마음산책, 2017.
버지니아 울프, 『자기만의 방』, 이미애 옮김, 민음사, 2016.
____, 『존재의 순간들』, 정명진 옮김, 부글북스, 2013.
에멀린 팽크허스트, 『싸우는 여자가 이긴다』, 김진아·권승혁 옮김, 현실문화, 2016.
이민경, 『우리에게도 계보가 있다: 외롭지 않은 페미니즘』, 봄알람, 2016.
이태영, 「한국이혼제도연구: 특히 여성의 지위를 중심으로」, 1957.
정혜주, 『날개옷을 찾아서』, 하늘자연, 2015.
제인 구달, 『제인 구달: 침팬지와 함께한 나의 인생』, 박순영 옮김, 사이언스북스, 1996.
최혜정, 『큰 별 되어 조선을 비추다』, 이화여자대학교총동창회·초이스북, 2014.
플로렌스 나이팅게일, 『나이팅게일의 간호론: 참 간호와 그릇된 간호』, 김조자·이명옥 옮김, 현문사, 1997.
헬렌 켈러, 『헬렌 켈러 자서전』, 윤문자 옮김, 예문당, 1996.

기사·연속간행물

김형민, 「1934년 나혜석 "조선 남성 심사는 이상합니다"」 『시사IN』 제531호.
이윤옥, 「한국 최초의 여자비행사 '권기옥' 애국지사의 푸른 꿈을 찾아」 『기록인(IN)』 Vol.24.
정운현, 「빗창 들고 일경 파출소 습격한 해녀 부춘화」 (다음 스토리펀딩 2015.12.15.)
정희원, 「나혜석을 바로 알기 위해」 『페미니스트 저널 일다』, 2005.10.10.
허근욱, 「나의 아버지 허헌과 언니 허정숙」 『역사비평』 28, 1994.
허정숙, 「나의 단발과 단발 전후」 『신여성』, 1925.10.
「MODU」 "나무처럼 살다가 꽃처럼 지다 '환경운동가 베르타 카세레스'" 2016.4.
「경향신문」 "[실록 민주화운동] 이태영과 가족법 개정운동", 2005.3.30.
「경향신문」 "노벨상 수상 투유유 "칭하오쑤(말라리아 치료제)는 중의학이 세계인에게 주는 선물"", 2015.10.6.
「국민일보」 "'히든 피겨스' 실제 모델 캐서린 존슨…NASA "100세 해피 버스데이~"", 2018.8.28.
「대한민국 청소년의회」 "개똥쑥과 끝없는 열정으로 말라리아를 잡다, 투유유", 2018.1.3.
「덕성여대신문」 "자랑스런 덕성의 어머니, 차미리사", 2004.4.12.
「덕성여대신문」 "한국사 교과서 속의 차미리사 선생과 조선 여자 교육회", 2018.8.28.
「동아일보」 "여자해방은 경제적 독립이 근본", 1924.11.3.
「문화뉴스」 "이다음에 나 같은 사람 나더라도, 할 수만 있는 대로 또 학대해 보아라", 2016.6.22.
「사이언스타임스」 "이란의 수학 천재, 미르자카니", 2016.12.12.
「소비자경제」 "[잊혀진 독립운동가] 차미리사", 2016.10.5.
「아시아투데이」 "'해녀 항일 운동가' 김옥련", 2017.12.24.
「에코뷰」 "댐 반대하다 암살당한 강 지킴이 베르타 카세레스", 2016.4.8.
「연세대학교 중국연구원」 "85세에 이룬 성공 투유유(屠呦呦) 노벨 수상자", 2018.3.1.
「연합뉴스」 "[김은주의 시선] 최초의 근대 여성작가 김명순", 2018.1.18.
「중앙일보」 "[한국의 20세기 여성인물] 여성운동가 故이태영 박사", 1999.12.16.
「한겨레」 "댐 반대로 피살된 그들의 죽음을 묻지 않았다", 2016.3.22.
「한겨레」 "중국인 첫 노벨 생리의학상…말라리아 신약 만든 투유유", 2015.10.5.
「한국일보」 "구글도 존경을 표한 '한국 최초의 여성변호사' 이태영", 2017.3.8.
History, "Rosa Parks", 2009.11.9.
Kathi Wolfe, "Helen Keller, Radical", *UTNE* July-August 1996.
Keith Rosenthal, "The politics of Helen Keller: Socialism and disability", *International Socialist Review*.
MacTutor History of Mathematics archive "Katherine Coleman Goble Johnson".
National Visionary Leadership Project, "Katherine Johnson".
Simons Foundation and International Mathematical Union. "Maryam Mirzakhani wins 2014 Fields medal - first woman to do so" https://youtu.be/4GhbMhQLQ_g
Standard Issue Magazine, "Florence Nightingale: the lady with the whatnow?", 2015.12.5.
The Guardian, "Maryam Mirzakhani: 'The more I spent time on maths, the more excited I got'", 2014.8.13.
This is statistics, "Florence Nightingale: The Lady with the Data", 2016.3.15.
Wired, "Meet the First Woman to Win Math's Most Prestigious Prize", 2014.8.13.

웹사이트

한국민족문화대백과사전 (http://encykorea.aks.ac.kr)
Helen Keller Reference Archive (marxists.org) 2000.
NASA (https://www.nasa.gov), "Katherine Johnson Biography".

꿈을 그리는 여자들
일러스트 위인전
컬러링북

1판 1쇄 발행
2018년 10월 22일

1판 2쇄 발행
2018년 11월 1일

지은이
봄알람

디자인
우유니게

편집
이두루

홍보
정혜윤

펴낸곳
봄알람

출판등록
2016년 7월 13일 2016-000203호

전자우편 we@baumealame.com
페이스북 facebook.com/baumealame
트위터 @baumealame
홈페이지 baumealame.com

ISBN 979-11-89623-00-5 74990
ISBN 979-11-89623-01-2(세트)